고맙게 죽음에서 돌아와 준

아내에게 이 시집을 드립니다.

아내

박원희 시집

한 솔

| 시인의 말 |

낙화

살신성인으로
여름을 살아
열매를 얻었으니
꽃이 지기로 슬프지 않다

머리를 감싼
노란 여주꽃
떨어지네

꽃이 지고
번지는
사랑

□ 차례

Ⅱ

Ⅲ

Ⅳ

■ 발문

I

배 닿는 항구

모르핀을 놓아주는 병실
우리의 통증은 멎을 수 있을까
우리의 통증은 멎지 않고 둘 다 아팠다
아내는 아파서 아프고
나는 아프지 않은데도 아팠다
아프지 않기로 한 저녁 면회시간에
모르핀은 통증을 못 느끼나요
묻는 나를 바라보던 의사, 간호사가
아무 말 없이 쳐다보는데
아픈 마음은 슬펐다
밖에는 바람이 불고 겨울이 된 밖에서
소식이 온다
모르핀을 맞던 아내는 여전히 잠들고
펜타닐로 바뀐 진정제를 맞으며
잠자고 아팠다
또 아팠다
모두 아팠다
기억은 마비되어 돌아오지 못하고

펜타닐을 맞는 병동에서
산다는 것은
아픈 그대와 내가 산다는 것은
배 닿는 항구다
중환자실이 바라보이는 대기실에서
시계만 보고 있을 때였다

유리창

유리창에 비친 내 모습이 창밖의 그녀와 걸어간다
첫사랑처럼 가까이 있으면서도 투명했던
말하지 못했던
유리창 밖으로 봄날 꽃이 피고
지나간 사랑이 유리창처럼 투명하다
가까이 있어도 창밖의 사람처럼
투명하게 바라본다
밖에는 꽃이 핀다
창밖의 그녀가 꽃 속에 있다

바람 불어 좋은 날

기억은 흔들릴수록 아름답다. 짧은 기억일수록 기억의 시간은 길다. 바람이 분다. 그날도 그랬다. 발은 수렴청정을 하기에 너무도 좋은 도구였다. 어머니는 임금에게 백성들을 자식처럼 사랑하라. 수렴청정은 끝나지 않았다. 사랑은 빛난다. 그러므로 모두 죽었다. 시간이 지나서 역사가 되었다. 삶이란 곤궁해서 역사를 돌볼 수 없었다. 사랑이란 눈물도 피도 없는 것이라는 기억을 바람 불어 좋은 날. 차양을 치고 발을 내리고 사막 같은 모래를 담아 다육이선인장 아내는 발을 내린다. 모두 사랑하라.

벽에서

벽에게 사랑이라고 쓰면
그 사랑은 벽 속에 있고

오늘을 살면서
산다는 것이 하루를 견디는 것이라고
눈에서 눈물의 날을 견딘
아내는
벽 속에서
인내라는 단어가 숨 쉬고 있는 것 같은

유리창에 투명하게 지나가는 세월이
그냥 있으므로
나도 그냥 있다

봄눈이 폭설한다

느리게 내리는 눈이
빠르게 지나온 발자국을 덮는다

벽에
사랑이라고 눈으로 쓰고
무기력한 시인의 사랑이라고 쓰고
눈이 오는 길처럼
지워지고 있는
겨울이 간다

아직 춥다

벽이
스스로 쓰지 않는 글씨를
마음대로 쓰고 있는
소망

아내가 걸어 다니는 벽에서

到(도)

우리는 누구에게 도착할 것인가
저녁이 되어 사랑하는 아내가
커튼을 치고
어둑한 사랑 속으로 들어가나니
자식들은 집 나가 들어올 줄 모르는
신세대
보이지 않으므로 말할 수 없는 아버지
사진 속에서나 대답하고 계신
구세대 아버지
저녁은 누구에게 도착한 시대인가요

바람이 불어서
저녁에 도착하는 사람들
모니터에서 눈을 떼지 못하고
사방은 어둠으로 은막을 치고
잔소리가 싫은 신세대는
동영상으로 존재를 알리고
아직도 벽에 붙어

건재함을 알리는 아버지

저녁은 집은

사랑은

아내는

도착할 것들은

殉葬

창문이 흔들린다.

밤은 끝나지 않았다.

고요의 시간이 엄습한다.

아내는 15% 남은 폐를 가지고 거칠게 호흡한다.

몇 년 비워둔 것 같은 방. 습기의 흔적은 벽을 타고 흐르다. 고고한 역사를 이야기하는 벽화처럼 LED 한층 밝은 빛으로 발하고,

아내는 아직 다 쉬지 못한 호흡을 그 벽에 모로 누워 뿌려댄다.

아직 살아 있다.

창문이, 오래된 창문이 도둑바람에 흔들린다.

지워지기 싫은 벽화들이 산화되는 古墳
널방의 주인처럼

나는 눕는다.

아내가 몰아쉬는 숨

산소호흡기를 제거한 세상의 깊은 밤 속으로 나도 들어간다.

고요히 벽화가 더 깊게 그림을 그리는 꿈을 꾼다.

습기

가난을 달고 세상을 옮기다
그늘을 만난 습기가 바람벽에 붙는다
결로
또는 결루
눈물을 흘리고 있는 벽이
겨울나기를 하는데
소통할 창이 없는 바람벽 달력이
젖어서
설날, 우수를 지난다

세상에 없는 바람벽 신파극이
검은곰팡이 벽화를 그리고 있는
오늘의 화려한 일간지같이 원시가 된 눈에 알 수 없이 박히고
습기 가득한 세상
분간할 수 없는 다리를 건너는 것처럼
내가 안은 부채들이 출렁거린다

바다가 된 벽
물줄기 흐르는 대로 강이 되고
산이 된
벽화를 한 줌 움켜쥐고
지나 온 이력을 지우고 싶은
흔적 앞에서

내 호흡의 습기는 더욱 눈부신 그림을 그리고

지워지지 않는 거울 속의 눈처럼
나는 너를 바라볼 수 없었다

아내의 옷

봄옷을 꺼내는 아내는
옷이 없습니다
지난 시간을 병원에서 사투를 하고
아내는 앙상한 나목이 되었습니다
불을 켠 병실에서 시간을 알지 못하므로
날아갈 듯한 옷 한 벌
수의 같은 느낌으로 드나들던 바람이 지나가고
시간의 벽을 다듬으며
옷을 꺼내는 아내는
옷이 없습니다

오늘을 살고 있는 것으로 감사할 뿐

봄옷을 입고 있는 나무처럼
환하게 웃고 있습니다

비 오는 날 꽃을 바라보다

비 오는 날 꽃을 바라보다

눈물에 젖은 꽃을 바라보다

어제는 날이 맑아서 사랑은 빛나고
따뜻하였다

아카시아

잃어버린 사랑이 꽃을 피운다

양재동 고개를 넘어가는
고속버스
시간을 가르며 달려가는
추억의
냄새가
들어오지 않는 차창 밖으로 핀다

첫사랑처럼
손을 내밀어도 닿지 않던

가까이 선 그리움

그 시간도 쏜살같이
양재동 고개를 어느덧 넘어가고
마냥 흔들리며
웃고 있는 향기에

나도 웃는다

첫사랑에게 말하지 못하던 수줍음처럼
우두커니 서

편지 한번 써보고 싶은

입하가 지난날의
사랑을 알기나 하는지

옥탑방

새벽이 먼저와 창문을 두드린다
아이들이 먼저 떠나간 방
집으로 가지 못하고
아이들도 룸으로 하나씩 들어가 따로 살고
서랍을 열다 보니
스케치북이 나온다
그리다 만 그림이 어설프게 한 장
덩그러니 남아
집이 아닌 방에서 지난겨울 그리던 곰팡이 벽화처럼
내 마음의 곳간에 습기를 불어 넣는다

맑은 새벽
아이들은 이미 따로 떠난 방에서 새로운 꿈을 꾸고
옥탑방에 해가 귀를 내밀며 찾아와 아침을 알리는데
아무런 소식이 없는 세상
아내는 방에 그린 곰팡이 벽화를 배경으로 잠든다
집으로 가지 못하는 저녁을 지나
가족을 잃어버린 방에서

아침과 새벽이 동시에 온다
스무 살 사랑처럼
아이의 스케치북을 연애편지처럼 만지며
새벽기도를 하는 나의 옥탑방

겨울일기

계단을 오르는 아내를 뒤따르다
숨을 올려 쉬는 모습을 보면서
지난겨울을 넘긴 수액의 물방울들이 온몸에 와서 멎는다
벌써 그리워지고 추억이 된 머리카락이 물들이지 못한 반백으로
폐를 반 넘게 잃어버리고 오르는 계단
흐린 날의 기억을 안고
아내는 오른다
기억나지 않아
여기 놓여 있던 선인장
다육이 육질을 가슴까지 끌고 들어와
계단을 오른다
오늘을 살아야 내일이 있다고
나는 말했던
지난겨울을
아내는 견디고
산다는 것이 사랑보다 진하지 않을 것 같던 겨울을
아내는 다시 오른다

반이 넘게 없어진 가슴을 가지고
세상의 모든 공기를 끌어들일 기세로 호흡을 하면서
오늘을 살아야 내일이 있는 계단을 오른다

고집

벽
바람벽
벽

담

출입제한

그리운 사람은 기다리시오

성큼
눈물이 먼저
대기시간을 찾아온다

떠나는 사람 떠나게 하고
그리운 사람 그리워하고

생각

또 생각
다시 생각

생각도 출입금지
썰렁해진 도시처럼
문을 닫아버린 병동에서

바퀴달린 침대
모르는 사람이 누워서 가고

사람은 없고
사랑도 없고
미움도 없고

불만 환한 오늘
출입제한
암병동 아래 중환자실
불이 꺼지지 않는다

꿈 – 아내의 눈

눈을 떴다
눈을 감았다
쌍꺼풀이 되었다

다시 밋밋한 눈이 되었다

겨울잠 자는 눈
아내는 동면을 꿈꾸었다
45년을 살면서 한 번도 동면을 하지 못했다
동면을 하지 못하는 삶은
흔적을 남기지 못하는 곰이 되는 것이다
아내는 곰이 되었다
담즙을 뽑아내듯 오줌과 피를 뽑는 줄을 달고
아내는 곰이 되었다
점점 화석이 되어가고
화석이 되어갈수록
신화의 내용은 깊이를 더하였다

아내가

눈을 떴다
겨울이 잠시 지나갔다

눈처럼

날리고 싶어라
함박
눈처럼

세상 부드럽게 날아
사뿐히
세상에 앉고 싶어라
물이 아닌 물
얼음 아닌 얼음
동면의 깊은 밤을 견디고 싶어라

눈처럼
쌓이고 싶어라
언제의 기억도 없이 모두 다
하얗게 덮고 싶어라

지나간 자국 모두 그림자로 남기고 싶어라
처음으로 가고 싶은 길이 되고 싶어라

이른 아침의 첫눈이고 싶어라

날리고 싶어라
어느 높이인지 모르는 곳으로부터
지하 깊은 곳으로 스며들고 싶어라

눈처럼
잠시나마
사랑하고 싶어라

겨울 한철 드나들던 바람이고 싶어라

Ⅱ

모르는 생각

병원 창문에 비치는 강, 한강은
겨울 한강은 얼지 않았다
서러워 무서워 외로워 그리워
흐르고 있는 흐르는 줄 모르고 있는 강

산 것들은 꿈틀거린다
강은

하루는 목에 걸려 토해내지 못한
아내의 가래처럼
모래 톳은 쌓이고
바람이 그 높이를 아는 기침소리에
강에 난 풀들이 각자 소리칠 때

다시
서러워 무서워 외로워 그리워
흐르고 있는 강

병원 창문에 비치는 강은
유리창이 얼어
저 강은 얼지 못하고
겨울은 강물 꿈틀거리지 못하는
기억해 사랑해
바다로 가는 밀물의 강에게

한강

언제는 누구나 사랑할 것 같은 내 마음 같아
강은 흐르고

산다는 것이
꿈틀거리는 것처럼
아내는 조용히 산소마스크를 쓰고 뒤척이고
사랑해 외로워 그리워 기억해
말하지 못하고
강처럼 오늘을 말없이 흐른다

병원 창문
열지 못하는 동면
겨울 강을 바라보며
아내와 아내 같은 사람들
같은 꿈을 꾸면서 겨울나기를 한다

한파

따듯한 봄이 오기로 했으니 모두 어깨를 펴고 가슴을 내밀어 사랑을 해요. 바람에 기대어 의지해요. 무성생식을 하고, 저 들판 보이는 곳까지 푸른색으로 물들여요. 투명한 하늘은 맑고도 불투명해요. 깊은 강일수록 잘 모르겠어요.

따듯한 봄이 오기로 했으니 추운들 며칠 가겠어요. 내가 덮은 이불도 벌써 봄바람에 말리고 있는 느낌이어요. 슬쩍 사랑을 했어요. 수줍어 이렇게 일어나 웃고 있는 꽃을 보아요.

따듯한 봄이 오기로 했으니
웬만한 추위는 두렵지 않아요.

바퀴달린 침대

달려갑니다
녹색 차선 안쪽이 차로입니다
앞에서 사람은 비켜서야 합니다
아내 숨 가쁘게 가는 길 몸은 날아가는데
누워서 달리는 침대에 실려가는 아내는
어디로 가는지 아는지 모르는지

어제는 아프다고 못 먹겠다고
나와 다투었는데 오늘 침대가 달려가는 것을 보고
마음이 아팠습니다

밖에는 눈이 날리고
눈사람들이 날아다니는데
아내는 바퀴달린 침대에서 일어설 줄 모르고
누워서 좁은 복도를 달려갑니다
모든 것이 급해서
눈사람처럼 기다리지 못하고
아내는 누워서 달려갑니다

아내의 천장은 하얗고
아내는
어제
울었습니다

한 사람
한 사람
이름을 부르며 기억하려고 하다가
기억이 나지 않는다고
어제는 울었습니다

바퀴달린 침대가
오늘은

위험한 어디론가
달려갑니다

서울은 눈이 내린다

서울은 눈이 내린다
가슴이 닫혀가듯 길이 차들로 수북이 닫혀간다
불통의 뉴스를 보고 있는
길에게
사랑하는 이에게 가는 길을 묻는다

하얗게 부족한 백혈구를 찾으러
아내는 무균실 독립병실로 가고
밖에는 눈이 내린다
갈 길이 없으므로 눈이 내린들
불통을 속삭일 사랑도 없다

주차장부터 길은 시작된다

믿음은 가슴으로부터 출발한다

눈이 내리는 서울
사근사근 눈이 내리고

백혈구를 찾으러 간 아내의 소식은 없고
닫힌 문이 열리기를 기다리는
시간은
나만의 고독일까?

어두워진 거리로
가로등이 삿갓을 쓴다

이미 빠져버린 머리를
거울 속을 바라보며
"나, 귀신같다."

눈이 내린다
귀신같이

아내가 찾는 백혈구같이

선고 [중환자실]

길

길길

길길길

길길길길

길길길길길

길길길길길길

길길길길길길길

계단을 올라 또 올라 다시 올라

3층 천천히 가면

숨 쉴 길을 찾는 아내가 있습니다

융모상피암 골목길을 내달아

아이들이 만들어진 곳으로부터

숨 쉬고 싶은 그곳까지

아내는 숲으로 가자고

그러면 살 수 있다고

글씨를 썼습니다

중환자실
외과계중환자실
홀로 누워 그리움을 아는지
잠들은 아내가 기척도 없이 나를 기다리고 있는
곳으로부터

지금 아내가 가는 길은

누군가가 말하는 길이 아니기를
기도하고 있습니다

성내천

발길이 무겁다
어떤 흔적을 지우려고 해도 묻혀 온 것이 없는
성내천

말이 없다

푸르게 살아서 간 것들의 틈에서
갈대는 색을 잃은 겨울
품어야 할 것들은 이미 높은 건물들에게 물려주고
침묵만을 품고 있다

여러 사람의 발걸음이
겨울 안개 속으로 사라지고
성내천은 한강으로 가지 않는다
자전거와 걸어가는 발걸음만 한강으로 가고

성내천은 한강으로 가지 않는다

조금씩 틀니로 바뀌어 가는 나의 세월처럼
갑문을 하나씩 달은
우수관거에 기도하듯 매달려 있는 둥근 수문이
현대사 같다

차라리 눈이 왔으면 좋겠다

성내천

한 번도 일그러지지 않고 흐르는 물과
한 번도 덜어지지 않은 방축 위의 사람들

오늘도 성내천은 흐르고

대나무

대나무가 일으킨 바람소리인 줄 안 젊은 날은 가고
대나무 몸 부딪히는 소리가 살아남기 위한 몸부림인 줄 알았을 때
젊은 기억의 사랑도 바람같이 소리만 남기고 흔적 없이 사라졌다는 걸 안 얼마 되지 않은 시간에
걸어가다가 벽 속에 갇힌 대나무를 보고 섰다
바람 한 번 맞지 못해 몸부림도 없고
부딪히지 못해 사랑도 모르는
대나무 건너편 길 위에
봄날이 오기에는 아직 먼 동면의 사람들이
밖에서 바람에 몸 섞어 뒤척이며 지나가고
바람처럼 흔적을 남기지 않았다

집중치료센타 보호자 대기실

의자에 앉아서 당신을 기억한다
우수수 빠져나간 기억들을 기억한다
무슨 날이냐고 물을 수 없었던
지난날을
부산으로 가던 길이 생각나
부산에서 금성 가던 길
아이들이 잠든 승합차가 깊은 밤을 지나던
당신의 꿈이 소녀를 막 벗어난
그날
기억이 나기는 날까

중환자실
곁에 있지도 못하고
마음 다잡아먹으라고 하는 오늘의
기억을 기억할까

숨 쉬는 것마저 기억이 나지 않을 것 같은

아무 것도 보호되지 않는
아무 것도 보호할 수 없는
아무 것도 보호받지 못하는
대기실

나는 지금 누구를 보호하고 있는 걸까

식물이 되어가는 시간 앞에서
똑딱 똑딱
무엇인가 찾고 있는 어리석은
아내의 기억은 머리카락처럼 빠져나가고
누구는 암병동을 지키며 애틋한 사랑을 말하고
누구는 죽어가는 옆에서 짧은 입맞춤을 하지만

볼 수도 만질 수도 없는 종말의 시간을
기다리는
집중치료센터 보호자대기실에서 바라보는
오후

아내의 머리카락은 빠지고

나의 기억은 하나둘 되살아나고 있었다

싸리꽃

긴 겨울을 보내고 돌아오는 길
아내가 숨 가쁘게 세상을 돌아오는 길
나무가 없는 작은 산 능선으로
싸리꽃 하얗게 핀다

모두가 겨울을 보내느라
힘들었던 창가 성에처럼
자신들의 이름을 새겨 넣었던
묘비명 같은 시간들을
중환자실은 밤새도록 불을 켠 채 잠들어 있었다

사랑의 흔적을 견디는 것은
목숨이 아니라는 것을 알았을 때
산다는 것이 죽은 것과 다르지 않다는 것을
의사가 확인을 하던 겨울 반소매 수술복 벗지 못한 시간이었노라고
주사기에 연명한 시간을
지켜보자고 이야기 하던

흰색 복도를 따라 나는 겨울을 지나다녔다

싸리꽃이 피었다
아내가 병원을 등지고 오는 길
작은 산 나무 없는 능선에 잡초는 바람에 흔들리고
아내가 차 안 의자에 앉아 바라보는 쪽
창밖으로 햇살이 들고
보는지 안 보는지 싸리꽃은 피었다

암(癌)

앎

암을 알았다는 것이
눈물겨웠다

누군가 비강암이라고
그런 것도 사전에 나오나 했다
그리고 코를 벌름 재끼며
웃는다
나 고생 많이 했다고

앎

안다는 것이 다 좋은가

때론 모르고 죽어간 지난 세월의 내 영혼에게 안다는 것은 부질없는 일이었을지도 모른다고 나는 생각한다

밖에서 한 사내가 울고 있다

그가 바로 나다

암을 알고 난 후
두 개가 된 삶을 나누어

아는 것과 모르는 것 사이

아내의 겨울을 지키고 있다

검은 밤

여보! 비가 내리고 있어
눈을 뜨면 안경으로 이슬이 맺히는
나는 당신의 눈동자를 보고
나는 당신의 가슴을 열고
나는 숨 가쁜 하루를 산 당신을 안에 두고
검은 밤
비가 내리는 창가에 서 있어
아프지 말자고 배워온 그 모든 것이
이슬비처럼 녹고 있는

여보! 비가 내리고 있어
검은 밤
나의 속 같은
아무 것도 해줄 수 없는 밤이 내리고 있어

창에 비친 내 모습을 바라보면서
당신의 동공을 찾고 있어
당신의 숨소리를 듣고 있어

아직 젖어 있는 머리
당신에게 가는 길은 닫혀있고

검은 밤
비 내리고
당신을 처음 안던 밤을 생각하고 있어

신의 나라

모세오경을 다 읽었을 때 나는 피의 냄새를 알았다. 구원의 길에 피가 있고, 구도의 길에 피가 있고, 살기 위한 길에도 피가 있다는 것을 알았다. 가인이 농사를 짓고 양을 제물로 만들지 못해 아우를 죽여 제물로 삼고자 신도 신의 제물이 된 피는 물보다 진하고, 피는 이성의 현실보다 실존의 사실이라는 것을. 모세가 출애굽을 하고, 나일강을 피로 물들이고, 모세가 죽자 여호수아는 여리고로 가기 위하여 물들인 피를 생각하지 않아도 신의 나라에는 피가 가득하다. 모든 제물은 피로 장식되고, 핏빛으로 물들인다. 황제의 길도, 대통령의 길도, 작은 도읍의 수장도, 결혼식장의 신랑 신부도 핏빛 카펫을 밟고 자신의 나라로 들어간다. 신의 나라에는 피가 가득하다. 모세오경을 밤새워 읽은 늙기 전의 어느 날

신의 나라에 가기 위하여 아내의 하혈은 그렇게 끊임이 없었는지.

나의 눈물이 맑아 신의 나라에 접근을 못했는지.

소나기 어느 날

영혼이 있다면 이런 날 불붙는다. 해 있고 소나기 내리는 피할 수 없는, 소나기 눈부시게 내리는 어느 날. 아무도 우산 없이 비 맞고 있는 그날. 영혼이 있다면 그날. 사랑하리라. 볼품없게 차려입은 아내나, 잘 차려입고 있던 귀부인이나, 빗속에서 실체가 드러날 때 세상은 준비 없이 온 어느 날 모습을 드러내고 태양은 웃는다. 빗방울이 휩쓸며 지나간 그 자리에 오금이 저리는 마음의 흔적이 없다면. 해가 와장창 쏟아지고 유리창 투명한 세상이 부서지는 이런 날 불붙으면, 모두가 다 불 붙으면 꺼지지 않으리, 준비 없이 온 어느 날

아내의 등 뒤에 선

아내의 겨울

하혈을 하였다
우리가 만든 아이들이 나온 그 길로
아내는 하혈을 하였다
살아 있는 아이들은 모두 하혈 속에서 나왔으므로
아내는 하혈이면 모두가 아이인 줄 알았다
아내는 죽어서 나오는 아이들은 모두
화장실에 넣고
수혈이 필요했다
수혈은 더 많은 아이들을 만들 수 있었을까?

대선이 지나갔다
아내가 병원에 입원해서 하혈의 붉은 피를 보충 받는 동안
아내는 이미 숨 쉴 수 없었다

아내는 산소호흡기를 달고서
아이가 아닌 것을 알았다
겨울의 찬 바닥에서
산다는 것과 죽는다는 것

이거 사진 찍어도 되지요
아이들이 나온 길이 망가져 붉은 피 흐르는
암이
터져 나왔다

아내는 각혈을 하였다
겨울바람이 차가워 나는 눈물을 흘렸다

산소호흡기를 하고

살아있다

죽은 아이들이 꿈꾸는 사랑을 만들고 싶어

아내의 시간

아내의 시간은 기다림이다

집에서
오지 않는 나를 기다리고

병실에서
자신과의 승부를 기다리고

모두에게 그리움의 시간이었던

산다는 것이 희망에 차거나
바람에 흔들리는 것만이 아니었던 것을
햇빛 맑은 하늘에서 알았을까

산다는 것이 어쩌면
눈물 많은 강을 건너는 것은 아닐까

아내가 키우던 사막 선인장이 목마르게

형광등 불빛을 바라본다

병실
집중치료실
쓴 계단 앞 의자에 나는 앉아서
처음으로 기다린다

아니
처음이라고 생각하면서 기다린다

아내가 기다린 시간의
절반도 되지 않는 시간을

삶과 죽음을

아내의 시간을

Ⅲ

나의 기도

나는 저기서 돌아온다
무궁화 꽃이 핀
당신 곁에서
쓴다
? 밑에
!

사랑은 누가 믿는 종교일까

오늘 나의 기도로

힘들게 돌아온
아내가 잠들고
아이들이 잠들고

울타리 꽃들 모두
입 다물고 있는 것처럼

나의 침묵이 기도가 되고

그대가 행복했으면

쓸쓸한 하루

– 아내에게 –

그녀를 위로할 수 없는데
아까시꽃은 핀다

돌보지 않은 사랑이
문득
주렁주렁 매달고
그리움처럼 있을 것 같은

그녀를 위로할 수 없는데
아까시꽃은 흔들린다

그녀를 위로할 수 없는데
아까시꽃은
하얗게 많은 날들처럼
달렸다

눈꽃 같이 날린다

그녀를 위로할 수 없는데

온 산을 덮는다

젖어있다

오랜만에 집에 오니
젖는다

비가 와서 젖었는지
내가 와서 젖었는지

젖는다

있을 것
없을 것

그리고 다 바뀌고
비는 내리는지
차를 타고 온
내가 내리는지

아내는
사랑을 하자고 한다

맑은 날도
흐린 날도

젖는다

내가
내린다
흐른다
흘러간다

비가
내린다

소백산

당신이 오면 소백산에 가리라
연화봉에 사랑을 꽃피우리라

당신이 오면 소백산에 가리라
비로봉에 올라 영원을 빌어 보리라

당신이 오면 소백산에 가리라
당신 가슴 같은 능선에 빠져 꿈을 꾸리라

봄꽃 철쭉이 몸 푸는 것처럼
소백산 깊은 사랑이 하나둘 대지를 뚫고 올라오는 것처럼
당신의 사랑도 오리라

바람이 타고 넘는 죽령을 넘는 길
아내가 된 당신이 오면

나는 소백산에 가리라

능선을 따라 하나둘 꽃을 피우고

연화봉 비로봉 보이는 길로

아내가 된 당신이 오면 꿈길인 줄 알고 가리라

오늘 감상

아침에 눈이 오더니 갈길 막아 오도 가도 못하던 세월이 설날을 넘기고 있다는 것을 알았다. 한 점 없는 구름이 언제 눈이 왔는가 싶더니 눈망울 파란 하늘이 동공을 달라고 쏟아질 듯 추운 오늘 하루를 뽑아 나는 내 마음의 그늘을 던지고 싶은데 주말마다 보는 아내에게서 전화가 울고, 오늘 실패한 것들에 대한 넋두리를 하니 해는 지고 있더라.

마음이 없는 곳은 바라지 마라던 어머니는 풍에 병들어 전화 누르기도 꼽꼽하신지, 눈이 많이 온 날 허리 꺾인 갈대처럼 저녁 석양에 머리 박고 있는 저윽한 내 마음을 보고 계신지, 소리 없는 세월은 저만치 또 오늘을 보내고 저녁이면 불을 켜는 도시에서 사느니 나는 제천시 송학면 무도리 몇 번지 그늘 같은 마음을 세고 앉아 있다.

나도 불을 켜고 싶다.

춥고 눈 오는 날 눈의 숫자만큼 반딧불이의 잉태를 꿈꾸고 싶다.

아내가 첫 아이를 낳아주던 나의 지하실 셋방처럼 꿈꾸고 싶다.

아이에게 해주고 싶던 것 다 못해주고 살았지만 아이들이 기다리는 커다란 꿈을 풍선처럼 불어서 날리고 있는 것이 지금이다.

바라보지 않을수록 점점 더 커가는 것이 그리움이다.
나는 다시 밤이면 지하로 간다.
아내가 나에게 준 첫아이의 꿈처럼
나는 어쩌지 못하고

첫아이의 출근처럼
나는 어쩌지 못하고

봄꽃 놀이

아내는 틀니 하러 온 장모와
꽃구경 간다
아내는 꽃구경 간다
바람에 날리는 날이 더 많았던 꽃
아내는 꽃 나들이 간다
이빨 다 빼고
틀니 하러 온
이 악물고 산 세월 속에
하나씩 흔들리던 이빨 모두 뽑은
장모 손잡고
꽃구경 간다
이빨이 없으면 잇몸

산다는 것이 꽃바람 날리는
날만 있었으랴

아내는 꽃구경 간다
이빨 다 빠진 장모 손잡고

나도 꽃구경 간다
아내의 머리에 핀
하얀 꽃
뒤따라간다

달개비

항아리
몇 번의 이사에 깨지지 않고
밑동 다치지 않고
바람 불어도 흔들리지 않고
따라다닌다

가뭄에도 마르지 않았던 것이
항아리 속
물을 다 마시고
힘없이 낙엽지고 있을 때
아내의 손등에 물과 눈물
아이들이 가지고 다니는 헤진 신발주머니
옆에서

치렁치렁 늘어뜨리고 자라는 달개비 항아리
결혼할 때 샀던 장농도 버리고
귀 깨진 식기들도 버리고
말라비틀어진 양심도 버리고

다니는 이사

그리고
조금씩 늙고 있는 가슴이 차가와질 때

항아리
눈을 뜬다
봄눈을 뜬다
아내가 물주는 대로
치렁치렁
아래로 낮은 곳으로 나처럼 내려가는 길

항아리
온 세상을 비추고
달개비를 키우고 있다

꽃 피지 않아도
사랑하고 있다

아내에게

아내에게
내가 쓴 시를 읽는다
그대가 사랑처럼
떠 있는 달
2층
귀를 연다
사랑이 있다면
나의 시여
힘도 밥도 되지 않는 나여
가슴이 시 듣는가
아내여
눈 감은 아내여
시 들어 보았는가

엉겅퀴

길 잘못 들어
제천의 부산에 갈 때
부산의 부산이 아니라
제천의 부산에 갈 때
아내의 꿈길을 따라
재가한 장모의 집
찾아갈 때
아버지의 그리움에 묻혀
아무나 아버지라 부르는 아내의 말투를 따라갈 때
시집와서 누구도 의지할 수 없는 밤
내가 찾아온 길이 맞는지 물어보던
술 먹은 밤을
돌아갈까
찾아보던
아내의 부산
제천의 부산을 찾아갈 때

꿈에서 친구의 손길을 따라

찾아왔는지
고사리가 봄이면 지천을 이루던
아무개는 학교를 다니던
제천의 부산

큰집 할머니 죽고
아내를 키워주던 큰아버지도 죽고
아내의 아버지 장인은 무덤에서
회갑 초혼을 부르고
고운 옷 한 벌 화르르 화르르
불꽃으로 타올라
곰보 고모 눈물이 호수처럼 고이고
아내가 고개 숙인 절보다
소나무, 참나무가 하루 종일 굽어보던 묏자리
한우물 풍덩 빠지던

제천의 부산을 찾아갈 때

아내는 길 잘못 들어 사랑을 하고
엉겅퀴는 한길 자라
따가운 가시 속에 꿀을 바르고
벌떼를 불러 모으고

가을

사랑아
나는 너에게
마음이 없다고 하면서
그리워진다

아내를 기다리며

오래된 것도 아닌데
아침에 고속버스로 떠났던 아내를 기다리며
기다림이란 무엇인가

가방을 하나씩 끌고
지나가는 사람들을 바라보며

삶이란

내가 지고 가거나
끌고 가고 있는
무량한 가슴 같은 것인데

금방 도착할 차를 기다리는 것도
우주를 한 바퀴 돌고도 남을 시간임을
달리고 있는 차는 알고 있을까

아침에 태워 보낸 차에서

무사함의 전화를 건네고
아직 불량한 나의 가슴을 매만지듯
삶을 어루만지고 있는
갈 때는 모르지만 돌아올 때는 무거운 짐을 안은 듯
무너지고 말 것 같은
아내의 발걸음을 알 것 같은
저녁의 해는 붉은 빛을
옅은 습도 속으로 토하고

우수가 지나가는 세월의 길목에서
나는 웃는다

아내여
차에서 졸고 있을 아내여
잠을 청해도
뒤척이고 있을 마지막 잠에서 깨어
누군가 기다리고 있다면
그런 그리움이 있다면

만일 없다고 하더라도
꿈꿀 수 있다면

나는 입식간판으로 서있어도 좋겠다

생각했다

문설주에 기대어, 여보

술을 많이 마셨습니다
어찌 된 일인지 훨씬
문은 더 잘 열렸습니다
내가 선 길에서 난
홍살문처럼 붉은 금욕의 땅을 살다
닳고 닳은 아버지가 가는 길을
나는 걸어서 왔습니다
흔들리고 있습니다
당신은 습한 눈을 뜨지 못하고
배냇짓으로 꿈틀거리는
이불 속
가늘게 장식 된 줄무늬
청실홍실
꿈틀거리며 엉키고 있을 때

술을 많이 마셨습니다
어찌 된 일인지
신발도 무사히 벗었습니다

문설주에 기대어

금욕의 땅에서

지우지 못한 세상을 토해내고 싶었습니다

무화과

아무 말 없이 출근을 하던
아내가 문득
– 밥 먹어! 응? – 하고
문을 나서는 날이 있었다

나는 李箱의 건넌방처럼 앉아
밖에서 올라온 무궁화 꽃잎을 보고
무궁화 이파리 넘어
목재소 소음을 넘어
굴뚝을 넘어
푸른 하늘에 넘실대고 있었다

아직도 나는 별말이 없이 아프다

걸어서 가는 길에
며칠 전 무화과가 익었다

따스한 열대야의 저주가 있는 밤

아내는 무화과를 따며

문득

– 무화과 꽃이 피게, 안 피게? –

오므린 입으로 무화과 씨들이

화산처럼 쏟아지고 있었다

시외버스터미널에서

– 여자 –

하늘하늘한 옷을 입고
하늘하늘
초여름을 걸어가는 여자를 보았습니다

아내가 생각났습니다
내가 입다
낡은 티셔츠
날근날근 한 가슴을 드러내는
아내가
낡은, 진짜 낡은 사진 같이 떠올랐습니다

하늘하늘 하늘가로 구름이 지나가고
조경 된 소나무는 기다림을 읽고 있을 때
침엽수림을 살고 있는 아내가
생각났습니다
너무 오래 입어서 나 같은 옷처럼
벨지 못하는 사랑처럼

고여 있었습니다

늙은 호박

꽃 피는 날 있었으리라
무릎 꿇고 기도하는 날 있었으리라
환한 웃음 번지며
벌들이 노래한 날 있었으리라
비탈에 기대어 구르고 싶었던 꿈도 있었으리라
흔들리지 않고
살고 싶었던 날도 있었으리라

꼿꼿이 서고 싶었던 날도 있었으리라
굽이굽이 다가가 담쟁이처럼
벽을 넘고 싶었던 날도 있었으리라
누군가의 시선이 머무는
열매이고 싶었던 날도 있었으리라

아내가 가만히 다가가고 있는
뒤란

Ⅳ

어깨

아침에 퇴근한 아내가
잠자기 전 어깨를
어깨를 주무르라 하였습니다
밤새 지고 온 짐을 내려놓지 못하고
주무르는 어깨
풀릴 일 없지만
빈 강정 같은 햇빛이 뼈다귀에 닿는 마음
봄바람에 꽃이 펴도
지울 길이 없었습니다

배꽃 앞에서

배꽃 앞에서
사진을 찍었습니다
꿈길 같은 화사함에
밤샘 일을 한 아내는
눈
감고 있었습니다

기다림

동공이 눈알을 뚫고 튀어나온 오후
너를 향해 달려가는 마음으로
지글지글 타고 있는 오후의 태양이
정수리를 태우고 있을 때
그늘로 피하고 싶은 사람은 안다
이 땡볕에서 아직은 고개를 내밀고
더 멀리 바라보기 하고 있어야 하는
바람 한 점의 유혹을 견뎌야 하는 것을
내가 너에게 가는 그리움을
아직은 가지고 서 있는
고개가 한 열 자쯤 빠지고 있을 때
그대가 어디선가 쫓아와

"왜 이러고 있어 , 더운데"

할 것 같은

겨울일기

무를 썬다

빈집, 아내가 켜놓은 외등이 그냥 빛나고 있을 때
겨울 달이
유리창에 있다
무를 썬다
달이 가진 둥근 기억을 쏟아내면서
무는 절편이 되고
바람 든 세월 속으로
무청만 파랗게 드러난 밤

무청 끝까지 썬다

아내의 돈은 젖어서 온다

아내의 돈은 젖어서 온다
목욕탕 때밀이로 돈도 끝이 말려서 온다
아내의 머리카락도 젖어서 온다
눈물을 흘렸는지
눈썹도 젖어서 온다
아내의 돈은 젖어서 온다
마를 사이 없이 나에게
물 묻은 사연을 이야기 한다
오늘도 축축이 젖어서 살았다
그것이 율곡 이이든 황혼을 닮은 이황이든
이 땅의 임금이든
모두가 아내와 같이 젖어서 우리 집으로 들어온다
아내의 돈은 젖어서 온다
아내처럼 젖어서 들어와 쉽게 늘어지고
꼬부라진 채 출근을 한다
밥이란 때에 절은 사람들이 한 꺼풀 벗기고 간 추억 같은 것인지 모르지만
아내는 젖어서

눈물샘이 마르고
아내는 하혈을 일찍 끝냈는지도 모른다

아내의 돈은 젖어서 온다
아내의 몸도 젖어서 온다
눈물샘이 말라서

두부

아내가 출근하여
설 행차도 못한 처가에서
두부 한 상자가 왔습니다
푸석한 스펀지 같은 흡착력을 가진
오늘의 일기를 쓸 수가 없어
저녁 늦은 귀가를 한 아내는
바가지에 물 받아 담아 놓고
오래 두고 먹으면 상한다고
설빔처럼 나누어 주는 하얀 두부에 실린
구멍 숭숭 난 마음을 아는지
눈물을 줄줄 흘리며 장모처럼
이 집 저 집 찾아가는
두부를 보았습니다

금수산
호미질로 평생을 오르던 인생의 정수리 부근에서
장모는 끝없는 그리움으로 오늘을 살고
여기저기로 흩어진 자식들의 안부를

스펀지 같은 두부에 실어 보내고
어눌한 한 손을 주무르며 빙빙 돌아가는 맷돌이
옥순봉 구담봉 바위 절벽을 다 갈아 낮춘들
자식들이 알 리 없지만
봉지에 한 덩이씩 떠나가는 두부처럼 나누어지는 것임을
아직 식지 않은 바람을 타고 들어오고 있었습니다

오늘도 뒷산 대처승이 세운 절간에 올라
처마 끝 간신히 초승달이 걸릴까
어렴풋이 합장을 할까

먼저 불어오는 바람이 부스스 기억을 세우는 흰 머리카락
구멍 숭숭 뚫린 두부 사이로 보이는 듯하여라

아내의 사진

아내가 며칠 전 찍은 사진이 마음에 들지 않아 다시 찍었습니다

이제는 너무 화려해진 사진이 마음에 들지 않았습니다

이력서 칸 하나 채우기 위하여 찍는

저 구겨진 마음을 하얗게 분처럼 얼굴을 열어놓고 환하게 웃는 이

맑게

윤기가 흐르고 있습니다

생활이란 사진 같지 않아서

폈다 지웠다 하지 못하는 것이므로

마음을 들키기 싫어 사진관에는 아무 말도 못하고

오늘이 지나면

환하게 웃는 이

저 백색의 그리움을 다시 찾을 수 있을지

환하지도 어둡지도 않은

보통의 마음을 가질 수 있을지

조화가 가득 핀 사진관 스튜디오

불이 환한 오늘

이력서를 쓰고

사진을 바라보고 있습니다

아내

봄 햇살이 따가운 대지
황사 같은 여자

묻혀온 세상 냄새를
닦아내는 여자

물 냄새 보다
코끝이 찡한 여자

봄보다 여름이 먼저 와도

항상 봄 같은 여자

울타리 꽃 하얀
싸릿대 같은 여자

아내

아내가 아프다
처남댁이 지나간 뒤
벚꽃은 무심천에 흐드러지게 피었다
우수수 바람에 날리고도 화사하다
가뭄에 마른 물줄기는
아내의 실핏줄처럼 흐르고
창백하게 드러난 강바닥의 모래가
근근이 자라는 잡초들을 지탱하고 있다

말라가는 물에도 물고기는 산다
죽어 자양분이 되는 수초들이
짙은 황사
태양에 말라
누런 치석처럼
콘크리트 다리 밑에 눌어붙어
스무고개를 하고
무심천 따라 개나리가 먼저 지고 있다

아내가 아프다

붉은 홍역을 앓는 대기가
아프다

사막처럼 황량해진 아내가
벚꽃처럼 떨어지고
빈 바람에 흔들리는 옷깃
봄바람이 불고
환절기 기침소리에
꽃이 핀다

철 지난 듯
감기 든 아내가
벚꽃 옆에서 웃고 있다

분갈이

문 밖에 웅크리고 앉은 아내는
분갈이를 하고 있습니다
이웃의 수빈네 하나 준다고
뿌리를 쪼개고 있습니다

언젠가 떠나야 할 더부살이
엉키고 엉킨 삶의 흔적처럼
실뿌리 하얗게 드러난
속살 같은 마음을
나누고 있습니다

낙과

여름의 끝에
조립식 담장 너머로
푸른 감들이 매달렸다
말복의 기운을 이기지 못하고
떨어지는
감을 바라보았다

아내는 지난 봄
갓 핀 이파리를 훔치듯 따서
감나무 잎차라고 셋방의 좁은 구석에
뭉근한 잎을 쪄서 말렸다

골목을 들어오면서
나는 매일 무언가 들킨 듯한 마음으로
이웃의 감나무를 바라보고
내가 마시는 물의 흔적에는 저 놈의 냄새가
조금씩 묻어있음을
생각하며

빠른 걸음으로 여닫이문을 열고
골목의 빈 마음을 닫았다

아무도 없을 것 같은 밤
슬쩍 나와 배회하는
나의 가슴속으로
찐 감나무 잎처럼
뭉근한 아내가 들어 왔다

감나무 가지 사이로
지워진 이파리 수만큼
별이 떴다

감은 속절없이 떨어지고

연가

사랑해야 하리
돌아가지 못할 땅
그 땅에 어둠 짙기 전까지
낙엽 뒹굴어
옥토가 되기 전에는
자갈밭에 뿌리를 내리지 못하리

돌아오지 못하는 가슴으로
울어야 하리
돌아서면
눈물 닿아도 흔적 없는 땅
이 땅의 가슴 슬픈 가슴으로
모래밭에 가슴 가슴이 맞닿게 눕히고
사랑해야 하리
돌아오지 못하는 가슴으로

가지 못하는 길로 와있어
모든 믿음이 거기 솟구쳐도

정석가를 불러도
더 가고 없는 바닷가
숲속으로
풀어야 할 거기
무덤 속으로 소를 몰고 가
모르는 슬픔 속
다시 못 돌아와도
사랑해야 하리

슬픔으로, 마음속 가득한 슬픔으로

문이 열리고
사랑해야 하리
잊어도 다시
못 돌아가는 어둠 속 깊음으로
멀리 있어도 다시 한 번

기차를 타고서

기차를 타고서
생각한다
어디로 가고 있나
아내는 잘 있나
사랑은 하나
밥은 먹었나
숨은 잘 쉬나
꿈은 꾸나

기차를 타고서
아내로부터 멀어져 가면서
생각한다
사랑은 하나
사랑은 있는 것인가
아이를 셋 낳고
사는
아내가
쉬 같은

가슴을 안고
꽃은 피는지

꿈은 안녕한가

기차를 타고서
어둠 속으로 가면서

아까시꽃이 필 때

아까시꽃이 필 때
사랑은
쓸쓸하여라
기다림도 쓸쓸하여라
가난한 아내의
기억도
쓸쓸하여라

아까시꽃이 필 때

바람이 가고
젊음도 가고
믿음도 가고

아까시꽃이 필 때
사랑은
쓸쓸하여라
그

기억도

쓸쓸하여라

동백冬柏

아내와 돌아오는 저녁 길에
冬柏을 보았습니다
풀리는 듯 추운 날
이파리가 얼어붙어 있는데도
꽃은 피었습니다

이사 이후
서릿발 같은 마음들이 지나간
겨울의 이야기로
밤을 새우던 아내는
봄을 맞이하는
지금 또
집을 구하러 다니고 있습니다

이사를 꿈꾸며
다시 돌아오는 저녁길
冬柏을 보았습니다
이파리는 말라 떨어지는데

아내처럼 冬柏꽃은 피어 있었습니다

전봇대 옆 화분에 피어 있었습니다

꽃

밤새 뒤척이다
아침에 꽃이 핀다

온 들판
온 세상
가슴에

햇살이 오기 전
세상을 맞는다

밥 짓는 아내처럼
물꼬 내는 사람처럼

먼저 일어나
먼저 웃고
먼저 다독인다

아침에 꽃이 핀다

발문

순간이 영원이라는 것

시란? 특히 자신이 쓴 시란? 무엇인가? 라고 물었을 때 나는 나의 기록이라고 생각한다. 미(美)라고 하는 범주를 떠나 자신의 기록이 선명해지면 그것을 지표로 세상을 보고 살아가는 것이고, 써나가는 것이다.

여기에는 아내에 관한 시들이 대부분이다. 그중에서도 아내가 청주성모병원과 서울아산병원에서 투병하였을 때 쓴 시들을 중심으로 하였다. 지금 생각하면 산다는 것과 죽는다는 것은 하나의 길에 불과하다.

「그리이스인 조르바」에 나오는 지문, "나는 순간, 순간이 영원이라는 것을 알고 있었다."를 읽은 적이 있다. 아내의 투병기는 아내의 일생에서 보면 잠깐의 일이다. 그러나 그때의 연명이 없으면 지금은 없다. 나는 그때 어리둥절 그냥 지나간 것 같다. 그때 그랬다, 라고 말할 수 있는 것은 지난 시간을 두고 자신을 객관적으로 바라볼 수 있을 때 하는 말이다.

나의 아내는 병실에서, 나는 죽음을 앞에 두고 있는 아내의 보호자로서 삶을 살았다. 아내가 병원에 입원하자 바로 닥친 현실, 산부인과 의사는 [융모상피암]이라고 말했고, 하루도 지나지 않아 폐로 전이되어 각혈을 시작하여 호흡기과로 넘어가 담당의사가 호스피스로 가자, 라고 하는 말을 복도에서 건네고, 내가 어떤 이야기도 할 겨를이 없이 사라졌다. 그 다음에는 암 전문의가 중환자 대기실로 와서 하는 말은 암의 진행이 빨라서 대책을 세울 수 없다는 말로 한참 동안 나를 설득했다. 나는 아무 말도 할 수 없었다. 이미 나의 아내는 그때 죽었는지도 모른다. 삶이란 그런 것이다. 나의 사업도 어려워지고 있었고, 나 자신의 일에도 정신이 없었는데 엎친데 덮친 격으로 아내의 병은 빠르게 왔다.

그리고 나는 그 밤 아내와 내가 살던 곳을 밤새도록 돌았다. 나의 소년시절, 젊음과 아내의 기억이 있던 곳. 아버지가 사기를 당해 집에서 맨몸으로 나가 살던 시절 이사갈 곳이 없어 얼음이 언 방을 얻어 아이들과 살던 집, 고물상 옆 허름한 방 2개의 집, 다섯이 끼어 살던 방 두개 13평 서민 아파트, 그리고 이사 간 24평짜리 집, 그리고 아내가 가게를 하던 생각들이 스쳐 지나가고, 아내와 아이들과 행복했던 시간은 없었던 것 같았다.

나는 차에서 눈물을 흘리며 최근 선택한 사업이 아내를 힘들게 하였고 아내가 그로 인해 심한 병이 침범하지 않았나 생각을 하면서, 나는 나를 후회하고 있었다. 그리고 호스피스로 가나 치료로 가나 죽는 것은 마찬가지라는 생각에 이르러서야 나는 나를 세웠다.

다시 나는 새벽 중환자실 내 자리에 있었고, 산부인과 주치의가 새벽에 회진을 하고 있었다. 나는 "선생님!" 하고 부르면서 물었다. "치료는 할 수 없는 건가요?" 하고, "산부인과에서 호흡기과로 넘어가서" 라는 말끝을 붙잡고 "그래도 선생님 할 수 있다면 치료를 해주세요.", "회진이 끝나고 약이 있나 보고 다시 오겠습니다." 의사는 바쁜 걸음으로 나가고 다시 왔다. "내일 오전까지 약이 되니까 치료해 봅시다."

다음 날 새벽 의사는 나에게 주의사항 등을 이야기하고, 나는 의사에게 내 아내의 생명 여탈권을 넘겨주었다. 나는 몸도 마음도 떨렸다.

의사는,

"제가 할 수 없는데 암 전문의, 호흡기 전문의들이 모두 반대하는데 제가 책임지기로 하고 하는 겁니다. 믿고 한번 가봅시다." 하고 말했다. 아내의 치료는 시작되었다.

여기까지가 치료의 시작이고 아내의 투병과 나의 병원생활의 시작이었다. 병의 근원은 마음의 문제로 온 것이 아닌가 생각한다.

골재 생산을 해서 인근 레미콘회사에 파는 것이 주업인 나는 하청으로 골재를 생산해 주기로 하고 들어간 사업장이 원

청의 내부 문제로 분란을 겪으면서 생산은 중단된 상태에 있었고, 나를 지원하던 아내는 그 이유로 나와 같이 금전적으로 많은 고통을 받고 있었다. 그런 차에 아내의 병이 왔으니 나는 마음이 많이 아팠다.

이후 고흥사업장과 청주, 후에는 서울과 고흥을 오고 가는 시간을 반복하며 다른 사람이 죽어가는 현실을 목도하고, 삶이란 어느 소녀의 말처럼 "선생님, 들어보셔요, 우리 엄마 아직 숨을 쉬고 있잖아요!" 하는 말을 지켜보는 가족으로서의 나와 대비되고, 그렇게 죽는 사람이 많은 병원에서 그에 답하는 의사는 "진정하세요."라고 했나 기억이 나지 않는 말, 아내와 나란히 누워 며칠을 투병하고 있던 아주머니는 돌아가셨다. 홑이불로 전신을 덮은 침대를 잡고 따라가는 한밤중에 가족들은 울음소리를 감추며 가고, 나도 슬펐던 이런 상황이 몇 번은 더 반복한 병실에서 있었다. 나의 아이들도 그만한 또래의 소녀였던 때였다.

아내는 그 후로 세 번은 더 죽을 것 같다는 소리를 의사는 나에게 하였고, 머리는 다 빠지고 몰골은 새까맣게 변했다. 암병동과 중환자실을 반복하는 중에 폐렴 합병증이 왔다. 후두절개를 한 아내는 산소호흡으로 살았다. 나는 병원 로비에서, 병원 로비에 기거할 수 없는 시간은 차 안에서 겨울나기를 하고, 아내의 암은 치료가 되었는지 안 되었는지 아무 말 없이 아산병원의 부인과 암병동에서 내과의 호흡기과로 병실이 옮

겨졌고, 봄 사월 아내의 폐는 85%가 석회화 되고 15%만 남았다는 진단을 받았다. 산소발생기를 달고 서울아산병원에서 삼 개월 반 만에 처음 입원한 청주성모병원으로 왔다.

처음 입원한 청주성모병원의 호흡기담당 의사를 찾아가 상담을 하고, 처음 호스피스를 말한 주치의에게서 한 달을 치료받고 퇴원하였다. 오 개월 반의 병원생활이었다.

그 후로도 나의 석산은 더 어려워졌고 기사회생을 바랐으나 결국 없어지고 가난과 고통의 세월은 지속되었다. 사업이 되지 않으니 돈 때문에 아픈 사람이 많아졌다. 어떻든 돈을 투자하고 나에게 받지 못한 여러 사람들이 돈으로 아프고 고통 속에 있게 되었다. 나는 그 후로 일어서려는 시도를 하였지만 다른 사람들에게 이용되는 처지로 전락해 버리고, 자책할 뿐 다른 방법이 없었다.

10여 년이 지나가고 있다. 아내는 아프니까 아팠던 때. 아내는 호흡기를 하지 않고 살아보겠다고, 산소발생기를 반납하고 지금까지 10년을 넘게 살고 있다. 그 사이 아내를 아껴주던 당숙이 돌아가시고 어머니 아버지 고모부 어른들이 영원히 살 것 같더니 돌아가시고 장모도 영면의 길에 접어들어 아내나 나나 천애고아가 되어 살고 있다.

봄이라고 산에는 꽃이 피고 아내가 빙개산을 올랐다. 나는 뒤를 따랐다. 그렇게 계룡산이 바로 보이는 정상까지 보통 사람들보다 오르는 데 두 배의 시간은 걸린 것 같다. 아내는 오르고 또 오르고 올라 정상에 섰다. 가쁜 숨을 몰아쉬는 오늘에 이르렀다. 나는 아내가 살아있다는 것에 감사하고, 아내를 보면 끊임없이 자신의 몸을 돌보는 과정에 무엇보다 용기가 필요하다는 사실을 알았다.

「배 닿는 항구」라는 시는 다른 시집에도 실려 있는데 또 발췌하여 실었다. 내가 내 시를 보는데도 눈물이 나는 것은 나의 생활이 겹쳐지기 때문일 것이다.

모르핀을 놓아주는 병실
우리의 통증은 멎을 수 있을까
우리의 통증은 멎지 않고 둘 다 아팠다
아내는 아파서 아프고
나는 아프지 않은데도 아팠다
아프지 않기로 한 저녁 면회시간에
모르핀은 통증을 못 느끼나요
묻는 나를 바라보던 의사, 간호사가
아무 말 없이 쳐다보는데
아픈 마음은 슬펐다
밖에는 바람이 불고 겨울이 된 밖에서
소식이 온다
모르핀을 맞던 아내는 여전히 잠들고
펜타닐로 바뀐 진정제를 맞으며

잠자고 아팠다
또 아팠다
모두 아팠다
기억은 마비되어 돌아오지 못하고
펜타닐을 맞는 병동에서
산다는 것은
아픈 그대와 내가 산다는 것은
배 닿는 항구다
중환자실이 바라보이는 대기실에서
시계만 보고 있을 때였다

「배 닿는 항구」 전문

나만 그렇지는 않았으리라. 그러나 병원에서 생사를 다투다 보면 모든 것이 긴박하게 다가오는 순간이 온다. 나도 그렇고, 간호사도 그렇고, 의사도 그렇고. 그리고 환자는 누워서 자신도 모른 채 어디론가 달려간다. 병원에서는 급박한 순간 바퀴 달린 침대가 쉽게 갈 수 있도록 장치가 되어 있다. 같이 뛰어가며 무언가를 바라지도 못하는 기도를 한다. 어떠한 신앙이 없어도 순간순간 생각에도 없던 기도를 한다. 나의 기도는 무언지도 모르는 세계에 있다. 시간이 지나면 안도하거나 한숨이었다.

달려갑니다.

녹색차선 안쪽이 차로입니다

앞에서 사람은 비켜서야 합니다.

아내 숨 가쁘게 가는 길 몸은 날아가는데

누워서 달리는 침대에 실려가는 아내는

어디로 가는지 아는지 모르는지

어제는 아프다고 못 먹겠다고

나와 다투었는데 오늘 침대가 달려가는 것을 보고

마음이 아팠습니다

밖에는 눈이 날리고

눈사람들이 날아다니는데

아내는 바퀴달린 침대에서 일어설 줄 모르고

누워서 좁은 복도를 달려갑니다

모든 것이 급해서

눈사람처럼 기다리지 못하고

아내는 누워서 달려갑니다

아내의 천장은 하얗고

아내는

어제

울었습니다

한 사람
한 사람
이름을 부르며 기억하려고 하다가
기억이 나지 않는다고
어제는 울었습니다

바퀴달린 침대가
오늘은

위험한 어디론가
달려갑니다

「바퀴달린 침대」 전문

이번 시집에 대한 평가는 뒤로 하고 묶는다. 나의 아내에 대한 내용이 주로 담긴 시, 그중에도 병원에서 투병을 중심으로 써내려간 것이다. 아내는 잠시 눈을 감았었다. 어떠한 생각이 나도 그것은 선망일 것이다. 무엇에 대한 생각도 머릿속의 생각일 뿐일 것이다. 나의 생각이 그렇다고 아내의 모든 것이 무시되는 것은 아니다. 나의 아내는 그 시간 자신의 신화를 썼다고 나는 생각하기 때문이다. 모름지기 내가 아니면 아내가 자신을 위하여 존재한 시간이 있었을까? 한참을 돌아와서 생각은 생각일 뿐이다.

눈을 떴다
눈을 감았다
쌍꺼풀이 되었다

다시 밋밋한 눈이 되었다

겨울잠 자는 눈
아내는 동면을 꿈꾸었다
45년을 살면서 한 번도 동면을 하지 못했다
동면을 하지 못하는 삶은
흔적을 남기지 못하는 곰이 되는 것이다
아내는 곰이 되었다
담즙을 뽑아내듯 오줌과 피를 뽑는 줄을 달고
아내는 곰이 되었다
점점 화석이 되어가고
화석이 되어갈수록
신화의 내용은 깊이를 더하였다

아내가

눈을 떴다

겨울이 잠시 지나갔다

「꿈 – 아내의 눈」 전문

나의 일이 잘못되기 시작하면서 아내는 아팠고 병은 커졌다. 아내의 친구가 암 보험이 들어있는 보험을 들을 수 있게 해주어 아내는 보험의 도움을 많이 받았다. 치료비도 많은 부분을 보험료로 낼 수 있어 아내는 살아서 돌아왔다. 만일 보험이 되지 않았다면 병원을 결정하는데도 심사숙고니 뭐니 하면서 시간이 지체되고 했으면 어찌할 수 없는 상황에 이르렀을지도 모른다. 그 친구가 지금 어떻게 사는지 인사도 하지 못했다. 그 친구에게 고마움을 이야기 한다. 「신의 나라」는 내가 고등학교 때 완독한 성서를 중환자실에서 보았다. 아무렇지도 않던 의미들이 새롭게 오는 것 같기도 하고 아내는 신의 나라에 있은 것 같은 생각에 시의 바탕이 성서가 되었다. 간절함은 극으로 통하는 것이 아닌가 하는 생각을 한다.

모세오경을 다 읽었을 때 나는 피의 냄새를 알았다. 구원의 길에 피가 있고, 구도의 길에 피가 있고, 살기 위한 길에도 피가 있다는 것을 알았다. 가인이 농사를 짓고 양을 제물로 만들지 못해 아우를 죽여 제물로 삼고자 신도 신의 제물이 된 피는 물보다 진하고, 피는 이

성의 현실보다 실존의 사실이라는 것을. 모세가 출애굽을 하고, 나일 강을 피로 물들이고, 모세가 죽자 여호수아는 여리고로 가기 위하여 물들인 피를 생각하지 않아도 신의 나라에는 피가 가득하다. 모든 제물은 피로 장식되고, 핏빛으로 물들인다. 황제의 길도, 대통령의 길도, 작은 도읍의 수장도, 결혼식장의 신랑 신부도 핏빛 카펫을 밟고 자신의 나라로 들어간다. 신의 나라에는 피가 가득하다. 모세오경을 밤 새워 읽은 늙기 전의 어느 날

신의 나라에 가기 위하여 아내의 하혈은 그렇게 끊임이 없었는지. 나의 눈물이 맑아 신의 나라에 접근을 못했는지

「신의 나라」 전문

계단을 오르는 아내를 뒤따르다
숨을 올려 쉬는 모습을 보면서
지난겨울을 넘긴 수액의 물방울들이 온몸에 와서 멎는다.
벌써 그리워지고 추억이 된 머리카락이 물들이지 못한 반백으로
폐를 반 넘게 잃어버리고 오르는 계단
흐린 날의 기억을 안고
아내는 오른다
기억나지 않아
여기 놓여 있던 선인장
다육이 육질을 가슴까지 끌고 들어와
계단을 오른다

오늘을 살아야 내일이 있다고

나는 말했던

지난겨울을

아내는 견디고

산다는 것이 사랑보다 진하지 않을 것 같던 겨울을

아내는 다시 오른다

반이 넘게 없어진 가슴을 가지고

세상의 모든 공기를 끌어들일 기세로 호흡을 하면서

오늘을 살아야 내일이 있는 계단을 오른다

「겨울일기」 전문

여기에 쓴 시의 이야기들은 상황이다. 죽음의 문턱에서 구사일생으로 살아 돌아온 아내의 이야기이다. 아내는 퇴원을 했다. 아내는 집도 없이 자신이 장사하던 계단을 오른다. 잘난 남편을 만나 사업을 한다고 집 돈 가산 모두를 허공에 날리고 자신이 하던 가게로 집을 옮기고, 대책도 없이 그 집 아니 가게의 계단을 오른다. 아내는 생명이 있는 것들을 좋아하여 여기저기 많은 것들을 키웠다. 아내가 비워둔 다섯 달이 고스란히 남아 말라비틀어진 것들이 나 같다 하고 느끼면서 느리게 오르던 아내가 생각난다. 호흡도 그렇고 겨울 지나 봄으로 가는 길, 계단을 아내는 오르고 있었다. 시를 보니 생각이 난다. 어떻게 살아갈 수 있을까? 나는 아무 생각이 없었던 것 같다.

우선 아내의 퇴원이 좋기만 했던 생각이 든다.

아내의 시간은 기다림이다

집에서
오지 않는 나를 기다리고

병실에서
자신과의 승부를 기다리고

모두에게 그리움의 시간이었던

산다는 것이 희망에 차거나
바람에 흔들리는 것만이 아니었던 것을
햇빛 맑은 하늘에서 알았을까

산다는 것이 어쩌면
눈물 많은 강을 건너는 것은 아닐까

아내가 키우던 사막 선인장이 목마르게
형광등 불빛을 바라본다

병실

집중치료실

쓴 계단 앞 의자에 나는 앉아서

처음으로 기다린다

아니

처음이라고 생각하면서 기다린다

아내가 기다린 시간의

절반도 되지 않는 시간을

삶과 죽음을

아내의 시간을

「아내의 시간」 전문

사설이 많은 시이다. 그래도 이 시를 보면 마음이 저려온다. 가책도 가고 아내에게 미안하다는 생각도 들고, 어디에 있어도 아내는 나를 생각할 것만 같은 그런 생각, 병실에 처음 들어가 무언가를 생각하고 결정해야 하는데 아무 생각도 떠오르지 않았다. 그리고 아내는 내가 무슨 결정을 하고 통보만 하는 사람이라고 하는데 나는 아내와 상의를 많이 하고 나는 아내를 의지하고 있다고 생각을 했는데, 반편이 없어졌으니 생각도 반편이가 되어 있었다. 그리고 의사는 "호스피스로 진행합니다." 하고 사라지고, "2주 길어야 3주 정도입니다." 했을 때 나는 아무 것도 할 수 없이 그냥 있었다.

그 후 아내는 오 개월 반이 지나고 살아 왔다.

호흡기과에서 호스피스 진행을 한 의사에게서 진료권을 가져와, 아내를 치료한 의사는 그 병원에서 아내를 치료하고, 위험한 치료를 혼자서 결정했다는 이유로 아내가 치유를 위해 더 큰 서울아산병원으로 옮기고 한 달 만에 면직되어 의정부 의료원인가로 옮겼다는데 나의 삶이 팍팍해서 찾아보지 못했다. 그리고 호스피스를 이야기 했던 의사가 마지막 주치의가 되었고, 결국 그 의사 덕분에 산 셈이다.

오늘이 첫날이다. 이런 생각으로 아내나 나나 사는 현재 우리는 부부로 살고 있다. 지금이 없으면 내일은 없다. 아내의 시간이 아름다웠으면 좋겠다는 말로 시의 생각을 적는다.

거친 호흡으로 사는 아내, 딸 둘과 아들 하나 모두 사랑한다.

졸작을 출판해 준 도서출판 한솔 대표인 정연승 형님, 그리고 마음으로 아파해 준 창작그룹 동인, 엽서시 동인, 충북작가의 회원 여러분들, 만날 때마다 아내의 안부를 물으시는 김승환 교수님, 따뜻한 말로 지켜보아 주시는 권희돈 교수님, 영원한 스승이신 신경득 교수님, 이름을 들어 말하지 못하는 모든 분들께 감사하다.

계묘년 회갑에 동재 쓰다.

아내

인　쇄 | 2023년 7월 25일
발　행 | 2023년 7월 31일

지은이 | 박원희
펴낸곳 | 도서출판 한솔
등　록 | 1987년 12월 3일 제아32호
주　소 | 충북 청주시 서원구 모충로145번길 5-6(사직동)
전　화 | 043) 264-3079

ISBN 978-89-91475-61-8　03810